BEI GRIN MACHT SICH IHR WISSEN BEZAHLT

- Wir veröffentlichen Ihre Hausarbeit,
  Bachelor- und Masterarbeit

- Ihr eigenes eBook und Buch -
  weltweit in allen wichtigen Shops

- Verdienen Sie an jedem Verkauf

Jetzt bei www.GRIN.com hochladen
und kostenlos publizieren

Robert Tanania

1648 - Wegmarke der Souveränität, Der Westfälische Friede und das europäische Staatensystem: Entstehung des "Westphalian System"?

GRIN Verlag

Bibliografische Information der Deutschen Nationalbibliothek:

Die Deutsche Bibliothek verzeichnet diese Publikation in der Deutschen National-
bibliografie; detaillierte bibliografische Daten sind im Internet über http://dnb.d-
nb.de/ abrufbar.

Impressum:

Copyright © 2004 GRIN Verlag GmbH
Druck und Bindung: Books on Demand GmbH, Norderstedt Germany
ISBN: 978-3-638-93208-0

Dieses Buch bei GRIN:

http://www.grin.com/de/e-book/43879/1648-wegmarke-der-souveraenitaet-der-
westfaelische-friede-und-das-europaeische

GRIN - Your knowledge has value

Der GRIN Verlag publiziert seit 1998 wissenschaftliche Arbeiten von Studenten, Hochschullehrern und anderen Akademikern als eBook und gedrucktes Buch. Die Verlagswebsite www.grin.com ist die ideale Plattform zur Veröffentlichung von Hausarbeiten, Abschlussarbeiten, wissenschaftlichen Aufsätzen, Dissertationen und Fachbüchern.

Besuchen Sie uns im Internet:

http://www.grin.com/

http://www.facebook.com/grincom

http://www.twitter.com/grin_com

Ludwig-Maximilians-Universität München
Historicum: Abteilung Frühe Neuzeit
Übung: Internationale Beziehungen in Europa 1500-1815: Genese,
Entwicklung und Forschungsstand frühneuzeitlicher internationaler Politik

WS 2003/04
29.01.2004

1648 – Wegmarke der Souveränität

Der Westfälische Friede und das europäische Staatensystem: Entstehung des „Westphalian System"?

I. Die Ziele der Hauptakteure und deren strategische Gegensätze

1. Frankreich gegen Spanien

2. Schweden mit Frankreich für Freiheiten der deutschen Prinzen ggüber dem Kaiser

II. Die Bestimmungen des Friedens

a) Die Hauptakteure bei den Friedensverhandlungen

1) Altes Reich: Ferdinand III. (1637-1657), M. Graf von Trautmannsdorff

2) Spanien: Philipp IV.   (1621-1665)

3) Frankreich: Louis XIV., Mazarin (1642-

4) Schweden   Gustav Adolph, seit 1644 dessen Tochter Christine

b) der Einfluss der Akteure auf die Friedensverhandlungen:

1) heiliger Stuhl: Papst Innozenz X. (1644-1655)

2) Altes Reich: Ferdinand III., M. Graf v. Trautmannsdorff

3) Spanien: Philipp IV. (1621-1665)

4) Frankreich: Louis XIV. und Mazarin

5) Schweden   Gustav Adolph und die seit 1644 mündige Tochter

4) + 5): Frankreich und Schweden

6) die Reichsstände: Corpus Evangelicorum, Corpus Catholicorum

7) Maximilian Graf von Trautmannsdorff

c) Die Friedensverträge

in Münster:

1) Friede zwischen Spanien und den Niederlanden, 30.01.1648

2) Friede zwischen dem Kaiser und Frankreich, 24.10.1648

in Osnabrück:

3) Friedensvertrag **zwischen dem Kaiser, Schweden und den protestantischen Reichsständen** (IPO = *Instrumentum Pacis Osnabrugense*)

III. Internationales System

IV. Forschungsstand bezüglich der Entwicklung des internationalen Systems

V. Quellen und Literaturverzeichnis

V. 1. Quellen

V. 2. Sekundärliteratur

VI. Schaubilder

I. Die Ziele der Hauptakteure und deren strategische Gegensätze

1. Frankreich gegen Spanien

Für Frankreich hatte zu Beginn der Friedensverhandlungen der Krieg mit Spanien Priorität. Die Schweden waren gegen diesen weil sie als Protestanten gegen jede katholische Einflusssphäre in den Niederlanden waren.

2. Schweden mit Frankreich für Freiheiten der deutschen Prinzen gegen den Kaiser

Schweden stimmte mit Frankreich allerdings darin überein, dass die Freiheiten der deutschen Fürsten gegen Kaiser Ferdinand III. gesichert werden mussten.

II. Die Bestimmungen des Friedens

1. Ausgangslage

Alle größeren und kleineren Kriege, die seit 1609 in dem einen oder anderen Teil Mittel und Osteuropas aufgeflammt waren, wurden durch Waffenstillstands- oder Friedensverträge beendet.

2. Der Friede

a) Die Hauptakteure bei den Friedensverhandlungen

1) **Altes Reich:**   Ferdinand III. (1637-1657), M. Graf von Trautmannsdorff
2) **Spanien:**   Philipp IV. (1621-1665)
3) **Frankreich:**   Louis XIV., Mazarin

4) **Schweden**   Gustav Adolph, die seit 1644 mündige Tochter Gustav Adolf`s Tochter Christine wird mündig; im Gegensatz zu den adligen Beamten und Offizieren, die den Krieg als einträgiges Geschäft betrachteten, das ihre Taschen füllte, strebte Christine einen Friedensschluss an – um beinahe jeden Preis[1].

b) der Einfluss der Akteure auf die Friedensverhandlungen und die Akteure bei der Friedensverhandlungen:

1) **heiliger Stuhl:**   Papst Innozenz X. (1644-1655)

Weil der westfälische Friede den Einfluss der politischen Autorität des Kaisers des Alten Reiches und des Papsttums reduzierte, lehnte Papst Innocenz X. dieses Vertragswerk ab und verdammte es: *„The Peace of Westphalia is null, void, invaľd, unjust, damable, reprobate, inane, empty of meaning and effect for all time."*[2]
(siehe Quelle)

2) **Deutsches Reich:**   Ferdinand III.

Beim Kaiser sind die Kriegsziele und die Bedingungen, unter denen man einen Frieden einzugehen bereit war schwieriger als bei Frankreich und Schweden darzustellen: In viel größerem Maß als Frankreich und Schweden musste sich der Kaiser von den verschiedensten Interessen leiten lassen.

Abgesehen von den religiösen Beweggründen, bildete – die Erhaltung der Erblande - und damit der einzigen Machtbasis in der Endphase des Krieges das wichtigste Kiegsziel Ferdinands III.

Im diplomatischen Verkehr behauptete der Kaiser zwar einen Ehrenvorrang, das Alte Reich wurde jedoch zu einer Art Titel für die deutsche Nation, die nach wie vor eine erkenn- und definierbare Einheit bildete.

3) Spanien: Philipp IV. (1621-1665)

Obwohl sich Spanien mit Frankreich noch bis zum Jahr 1659 (Pyrenäenfrieden) im ständigen Kriegszustand befand, nahm es wie auch Frankreich an den Friedensverhandlungen in Münster teil. Beide Kontrahenten erhofften sich durch ihren Krieg miteinander, bessere Verhandlungspositionen zu erreichen[3].

Auch Spanien war bei den Friedensverhandlungen wie auch Österreich keine Universalmacht mehr – weil es völlig auf sich allein gestellt war -, was 1659 durch den Pyrenäenfrieden bestätigt wurde.

4) Frankreich: Louis XIV., Mazarin

Da Frankreich keinen Frieden in Deutschland und vor allem in den Niederlanden erreichen wollte, bevor es Spanien besiegt hatte (1659, Pyrenäenfrieden) , verliefen die Friedensverhandlungen schleppend.

Die beiden Föderationen oder kollektiven Allianzen wurden unter frz. Schutz geschaffen, eine in Italien und eine in Deutschland, und jede zukünftige Vereinbarung wurde von allen Mitgliedern dieser Föderationen verteidigt, die als Wächter und Garanten des Friedens handelten[4].

Mazarin war während der Minderjährigkeit des neuen Königs, Ludwig XIV, und auch danach bis an sein Lebensende (1661) der alleinige Leiter der französischen Machtpolitik.

Im Gegensatz zu Richelieus weitblickenden Vorstellungen vom europäischen Konzert, der 1644 gestorben war, betrachtete der Mazarin die europäischen Probleme von einem einseitig französischen Standpunkt aus.

Diese Haltung erregte schon bald das Aufsehen der holländischen Staatsmänner, die in einem aggresiven Frankreich eine größere Gefahr als in einem verfallenden Spanien sahen[5].

Mit dem Tod von Papst Urban verlor Frankreich einen wertvollen Bundesgenossen.

Urban war ein unerschütterlicher Gegner der Habsburger gewesen, doch war eine entschlossene Minderheit der Kardinäle angesichts der wachsenden Einflussnahme Frankreichs auf die italienischen Angelegenheiten um die Wiederherstellung der Gleichgewichts bemüht.

Innozenz X. revidierte schließlich die Politik seines Vorgängers Urban zugunsten Spaniens[6].

Daraufhin wären also seine Maßnahmen im einzelnen zu prüfen. Richelieu hat z. B. einen ganzen Stab von Juristen und Historiographen unterhalten, um französische „Rechtsansprüche" auf fast alle europäischen Gebiete nachzuweisen. Hier wurden Länder und Staaten nach den Begriffen des römischen Rechtes vom zivilistischen

Sacheigentum behandelt und so Ansprüche konstruiert, die weit über die Grenzen Frankreichs hinausgingen[7].

5) Schweden:
Der als logische Folge aufgrund der Ländergewinne und die dadurch erworbene Reichsstandschaft erworbene Einfluss Schwedens über die protestantischen Fürsten im Reichstag versicherte, dass die Verträge auch eingehalten wurden.

Der schwedische Außenhandel erforderte gute Beziehungen zu den protestantischen Hansestädten, den Niederlanden und England, während Schwedens wichtigster Ausfuhrartikel, Kupfer, gegen die Konkurrenz der den Habsburgern gehörenden Bergwerke in Tirol und Ungarn geschützt werden musste[8].

Der Kampf um das *dominium maris Baltici* brachte Schweden somit in scharfen Gegensatz zum lutherischen Dänemark, zum katholischen Polen und zum orthodoxen Russland.

Die Besetzung der Harzer Bergwerke durch die Kaiserlichen im Jahre 1624 gefährdete den schwedischen Kupfermarkt, und die maritimen Projekte, mit denen sich Wallenstein und Spanien im Jahre 1628 trugen, bedrohten die schwedischen Handelsinteressen im Ausland – Gustav begegnete diesen Gefahren von seiten der katholischen Habsburger, indem er sich mit dem katholischen Frankreich verband[9].

4) + 5):
Der als logische Folge aufgrund der Ländergewinne und die dadurch erworbene Reichsstandschaft erworbene Einfluss Schwedens über die protestantischen Fürsten im Reichstag versicherte, dass die Verträge auch eingehalten wurden.

In their propaganda France and Sweden constantly referred to their efforts to restore the rights and "liberties" of the Protestant princes.

Thus, no party at the congresses was at the mercy of another, and no party enjoyed a position from which it could impose its own form of hegemony.
Im Dezember 1645 gaben die Schweden und Franzosen erstmals ihre Forderungen bekannt; sie sollten die „Wiederherstellung der deutschen Einheit" untermauern, die sie weiterhin als ihr Kriegsziel bezeichneten. Einige ihrer Forderungen waren lediglich als Tauschobjekte gedacht[10].
- Obwohl Schweden und Frankreich die größten Territorialgewinne aus diesem Krieg hatten, waren ihre Ziele hauptsächlich
· verteidigbare Grenzen (Frankreich) oder
· Hinterland, das ein existierendes Reich schützen würde (Schweden)[11].
Die Idee einer Gemeinschaft von Staaten, einer Art von politischem Körper mit kommunikativen Charakteristiken, einschließlich der auf Gegenseitigkeit beruhenden Gleichheit, die zwischen die Struktur einer hierarchischen Autorität und eines System der puren Anarchie fällt[12].
Dadurch, dass Schweden und Frankreich ein Interventionsrecht durch den Friedensvertrag für dessen Aufrechterhaltung erhielten wurden mögliche Racheakte von vorneherein ausgeschlossen und unterbunden.

Die von Frankreich und Schweden in den Monaten September und Oktober 1644 an alle Reichsstände gerichteten endgültigen Einladungen wurden angenommen, zu allerletzt vom Kaiser.

Dadurch, dass Schweden und Frankreich ein Interventionsrecht durch den Friedensvertrag für dessen Aufrechterhaltung erhielten und auch Habsburg-Österreich in dieses System integriert wurde, wurde möglichen Racheakten vorgebeugt.

6) die Reichsstände

Die Stände teilten sich in ein Corpus Evangelicorum[13] und ein Corpus Catholicorum[14] und versuchten anschließend, sich zu einigen. Die Religionsparteien wurden so in das auf Konsens und Ausgleich basierende Gefüge der Reichstagsverfassung eingebunden. In der Spätphase des Alten Reichs erwies sich der Zwang zum Kompromiss, die *„amicabilis compositio"* als ein nicht zu unterschätzender Integrationsfaktor[15].
Die protestantischen Stände hatten sich im Frühjahr 1646 verständigt, bei konfessionellen Fragen andere Streitigkeiten hintanzustellen[16].
Neben den protestantischen Reichsständen wollten auch die auswärtigen Kronen eine Ordnung festschreiben, die eine Umgestaltung des Reichs im monarchischen Sinne unmöglich machte[17].
Die nur über das Rechts- und Sicherheitsgebäude des Reichs locker verknüpfte deutsche Staatenwelt entsprach ihren Interessen mehr als ein wie auch immer gestalteter deutscher Zentralstaat. Darüber hinaus bedurfte auch die europäische Friedensordnung in ihrem Zentrum eines Systems, von dem keine Gefahren für die Nachbarn ausgingen[18].
Die Friedensbedingungen waren für die Protestanten ausgesprochen günstig. Das reformierte Bekenntnis (Calvinismus) erhielt faktisch den Status einer dritten „Reichskonfession". Die ihm anhängenden Stände wurden restituiert.
Mit der Zulassung der Reichsstände als Gesandte bei den Friedensverhandlungen war auch entschieden, dass am Ende des deutschen Verfassungskongresses nur ein ständisch geprägter Reichs-Staat stehen konnte[19].

- von Frankreich und Schweden in den Monaten September und Oktober 1644 an alle Reichstände gerichteten endgültigen Einladungen wurden angenommen, zu allerletzt vom Kaiser[20].

Das bedeutete eine durch ganz parallele Wendungen verdeutlichte gleichrangige Nebenordnung auf Gegenseitigkeit, während die Reichsstände als Bundesgenossen nur pauschal in den Frieden eingeschlossen und damit auf die mindersouveränen Plätze verwiesen waren[21] (Burkhardt).

Der Kongress als Ganzes und seine beiden Sektionen in Münster und Osnabrück wurden niemals formell eröffnet oder konstituiert, aber von der Mitte des Jahres 1645 an waren die Verhandlungen in vollem Gang[22].

Was die Parteien selbst im rein religiösen Bereich (im modernen Sinne) trennte, waren weniger theologische Einzelfragen – von denen sowieso nur eine Handvoll Professoren etwas verstand -, sondern Meinungsverschiedenheiten über die Einrichtung der sichtbaren Kirche.

Die Jurisdiktion des Bischofs von Rom, die weltliche Macht des Episkopats, der Nießbrauch des Kirchengutes – anders die die Kanzleien und bis zu einem gewissen Grade die öffentliche Meinung erregten[23].

In Verbindung mit § 2 dieses Artikels, der den Reichsständen das Bündnisrecht gewährte, ist daraus immer wieder gefolgert worden, dass diese zu „souveränen Staaten", „Völkerrechtssubjekten" und Bündnispartnern der europäischen Mächte geworden seien.

Tatsächlich wurde ihnen aber nur ein Bündnisrecht unter sich und mit Auswärtigen zu ihrem eigenen Schutz und ihrer Sicherheit eingeräumt mit (*„pro sua cuiusque conservatore et securitate"*).

Ausdrücklich verboten waren alle Bündnisse, die gegen den „Kaiser und Reich" geleisteten.

7) Maximilian Graf von Trautmannsdorff

Bis November 1645, als der kaiserliche Oberhofmeister Trautmannsdorff, in Münster[24] ankam, setzte er auf die gemeinsamen Interessen und das Zusammenwirken von Kaiser und Reichsständen gegen die fremden Kronen.

Er wurde zur alles beherrschenden Gestalt des Kongresses, weil er es ebenso verstand, Frankreich und Schweden gegeneinander auszuspielen, wie im richtigen Augenblick an das Zusammengehörigkeitsgefühl der deutschen Stände zu appellieren[25].

Der versierte Diplomat Maximilian Graf von Trautmansdorff setzte auf die gemeinsamen Interessen und das Zusammenwirken von Kaiser und Reichsständen gegen die fremden Kronen.

Sein diplomatischer Handlungsspielraum wurde jedoch dadurch geschwächt, das Friedrich Wilhelm von Brandenburg und Georg von Sachsen unilateral bei den Friedensverhandlungen vorgingen, also vorbei an Trautmansdorff und damit auch vorbei am Alten Reich, was dieses schwächte.

Ferner wurde seine Stellung durch Maximilian von Bayern geschwächt, dessen Verdacht auf Spaniens Intentionen im Rheinland so intensiv waren, dass er die Ambitionen Frankreichs in dieser Region vernachlässigte[26].

Abschluss und Höhepunkt des kaiserlichen Umdenkens markierte die Geheiminstruktion für seinen Prinzipalgesandten Graf Maximilian Trautmannsdorff (1584-1650), der Ende des Jahres 1645 in Münster eintraf.

Er sollte um nahezu jeden Preis Frieden schließen, wie es sich aus einer kaiserlichen Geheiminstruktion ergab, und dafür sorgen, dass sich „die stende des reichs allß glider mit mir allß dem haupt und vater ihnen selbsten vereinigt, die disconcertirte harmonia imperii wider zusammen gestimmet (...)."[27]

Trautmannsdorff setzte aus diesem Grund auf die gemeinsamen Interessen und das Zusammenwirken von Kaiser und Reichsständen gegen die fremden Kronen.

c) Die Friedensverträge (nur der Friedensschluss)

Am Abend des 24.10.1648 unterzeichneten in Münster die Vertreter dreier Großmächte (F, Schw, Sp, AltR) und zahlreicher deutscher Reichsstände die Urkunden der drei großen Friedensverträge, die den Dreißigjährigen Krieg bzw. die achtzigjährigen Auseinandersetzungen zwischen Spanien und den Niederlanden beendeten

Denn indem die beiden Hauptverträge zwischen den bisherigen Universalkandidaten habsburgischer Kaiser, französischer König und schwedische Krone abgeschlossen waren, erkannten sich die großen Drei erst einmal als die wahren Subjekte in Krieg und Frieden an[28].

in Münster: (IPM = *Instrumentum Pacis Monasteriense*)

1) Friede zwischen Spanien und den Niederlanden, 30.01.1648
2) Friede zwischen dem Kaiser und Frankreich, 24.10.1648.

in Osnabrück: (IPO = *Instrumentum Pacis Osnabrugense*)

3) Friedensvertrag zwischen dem Kaiser, Schweden und den protestantischen Reichsständen

im IPM und IPO wurden die territorialen Veränderungen, die die jeweiligen Vertragspartner betrafen, geregelt.

Das IPO legte die konfessionellen Ergebnisse fest.
Eine Reihe von Artikeln fanden sich auch in beiden Verträgen wortgleich wieder[29].

- Dieser Frieden ordnete Europa nach dem Prinzip des Partikularismus:

Er repräsentierte ein
neues diplomatisches Abkommen, eine Ordnung, die von Staaten, für Staaten
– und ersetzt sehr viel der rechtlichen Spuren der Hierarchie, an dessen Spitze der Papst und der Kaiser des Alten Reiches standen[30].

- Die zwei kritischen Teile des Krieges waren:

1) zum einen die - religiöse Toleranz
             - Gewissensfreiheit
             - die Erziehung der Kinder
             - der zivile Status – und zum anderen
2) die hegemonischen Ambitionen des habsburgischen Familienkomplexes.

Die Verhandlungen in Osnabrück befassten sich ausschließlich mit dem ersten Teil.

- Auch der Calvinismus wurde als legitime Einheit des christlichen Glaubens anerkannt und es wurde eine lutherische Kirche mit Bischöfen eingerichtet, Titeln, und Ehren nach dem Model von Schweden und England, ihr Kopf war jedoch keine Krone[31].

- Der Vertrag von Münster (Artikel 113 und 124):
· verpflichtete die unterzeichnenden Parteien, Konflikte mittels freundlicher Mediation und mittels legalen Methoden zu schlichten[32].

· Ferner wurde in das Vertragswerk
- die Freiheit der Navigation auf dem Rhein und
- die formelle Anerkennung der Souveränität der Schweizer Konföderation und der
- Vereinigten Provinzen der Niederlande anerkannt.

· Diese Anerkennung war ein wichtiger Indikator der Existenz, wenigstens ab 1648, einer wachsenden Gesellschaft von Staaten[33]. Diese Staaten wurden nicht geschaffen durch ihre eigenen Anstrengungen, gingen jedoch daran, internationale Anerkennung durch die Geschlossenheit ihres Handelns zu gewinnen: die Gemeinschaft ratifiziert die Unabhängigkeit individueller Staaten[34].

1) Sie haben erfolgreich das Muster des Familienkomplexes der Habsburger für eine „universale Monarchie" beendet und
2) zugleich die „Freiheiten" der deutschen Staaten erhalten und gefestigt[35].

Sie bildeten eine Verfassung für Zentraleuropa, die bis 1806, dem Ende des Alten Reichs, andauerte[36].

Die vertragschließenden Parteien wollten auch Rache als ein mögliches Motiv für zukünftige Kriege ausschließen[37].

Die allererste Instruktion für die frz. Gesandten in Münster, datiert auf den 30.09.1643 (hptsächlich von Richelieu vor dessen Tod verfasst), zeigt klar, dass Frankreich den Einfluss in Zentraleuropa zerstören wollte, dadurch dass es die Autonomie der einzelnen Fürsten in Deutschland zerstören wollte[38].

Frankreich und Schweden bestanden gerade darauf, die Rechte und „Freiheiten" der protestantischen Prinzen wiederherzustellen[39].

Ihr Ziel war es, das alte Reich in einer weniger bedrohenden Art wiederherzustellen, nicht aber es zu zerstören[40].

III. Internationales System

Ländergewinne:[41]

Altes Reich: die Autorität des Kaisers des Alten Reichs wird geschwächt, da die deutschen Prinzen praktisch unabhängig werden.

Bayern: Oberpfalz.

Brandenburg: Ravensburg, Cleves, Mark, Ostpommern, Minden, Halberstadt, Magdeburg, die österreichischen Habsburgländer gewinnt Territorium und Prestige im Reich, dem führenden Staat in Norddeutschland. (1b)

Frankreich: linkrheinische habsburgische Territorien im Elsaß und im Sundgau; Festungen Breisach und Philippsburg; Bestätigung des Besitzes von Metz, Toul, Verdun; Sundgau, Moyenvic, Baccarat, Rambervilliers. (**10, 13**)

Die frz. Territorialgewinne waren auch dafür geeignet, die Nachschubwege für eine militärische Intervention zu erhalten, um den Frieden zu gewährleisten, für den Fall, dass diese Provisionen durch den Kaiser oder irgend eine andere Partei bedroht werden: und Frankreich entwickelte sich in beiden Richtungen unilateral oder kollektiv, als Friedenspolizei.

Damit beherrschte F die spanischen Nachschublinie in die Niederlande:

König Philipp IV. von Spanien, dessen Proteste gegen die grobe Missachtung der habsburgischen Haussolidarität den Kaiser nicht hatten umstimmen können, war jetzt gezwungen, mit der Republik der Niederlande Frieden zu schließen. Dieser Friede wurde im Januar 1648 in Münster besiegelt.

(Frz. Juristen konstruierten später immer neue Ansprüche und die frz. Armee sorgte dafür, dass die Grenzziehung weniger eine Rechts- als eine Machtfrage wurde).

Schweden: Mündungen von Weser, Elbe und Oder; Westpommern, Vorpommern, Wismar; die Bistümer Bremen und Verden. **(5)**

Durch die Annexion von West- und Vorpommern erhielt Schweden die Reichsstandschaft im Alten Reich, wodurch es ein Stimmrecht im Reichstag, ein *„droit de regard"*, und auch die Mittel zur Sicherung der kaiserlichen Angelegenheiten erhielt.

Die Schweden verlangten ganz Pommern (dessen letzter Herzog im Jahr 1637 gestorben war) und Schlesien, die Bistümer Bremen, Verden, Magdeburg Halberstadt, Cammin, Minden und Osnabrück, die Seestadt Wismar und eine „Satisfaktion" für ihr Heer; diese sollte 9-12 Millionen Reichstaler betragen oder sogar 20 Millionen, falls man ihnen Schlesien und einige der Bistümer nicht geben wollte. Der kaiserliche Gesandte meinte, wenn der Kaiser als Gefangener in Stockholm säße, hätten die Schweden auch nicht mehr fordern können[42].

Der schwedische Außenhandel erforderte gute Beziehungen zu den protestantischen Hansestädten, den Niederlanden und England, während Schwedens wichtigster Ausfuhrartikel, Kupfer, gegen die Konkurrenz der den Habsburgern gehörenden Bergwerke in Tirol und Ungarn geschützt werden musste.

Vereinigte Provinzen der Niederlande: ihre Unabhängigkeit wird anerkannt

Österreich: (13)

Die Teilung Pommerns zwischen Brandenburg und Schweden schaffte eine neue Feindschaft.

IV. Forschungsstand bezüglich des internationalen Systems

1) Souveräne Staaten als europäische Staatengesellschaft:
- An die Stelle der einstigen Kirchen- und Glaubenseinheit wird jetzt eine Gemeinschaft souveräner Staaten.
- Die Souveränität der Staaten, das Staatensystem und ein Völkerrecht, das als *„Jus publicum europaeum"* begonnen hatte, bekam durch diesen Friedensschluss wichtige Impulse.
- Die Staaten des westphälischen Systems wurden nicht durch ihre eigenen Anstrengungen geschaffen, sondern gingen daran, internationale Anerkennung durch die Geschlossenheit ihres Handelns zu gewinnen. D. h., dass die Gemeinschaft von Westphalen quasi die Unabhängigkeit individueller Staaten ratifizierte.

2) Anerkennung von völkerrechtlichen Verträgen als bindend:
- Diese westfälische Staatengemeinschaft muss als eine Rechtsgemeinschaft völkerrechtliche Verträge auch als bindend anerkennen. Zu alledem bedarf es auch eines Mindestmaßes an wirksamen Garantien. Und schließlich kann der Sinn einer Staatengemeinschaft nicht nur die Selbsterhaltung sein.
- Alle diese Prinzipien finden sich in den Verträgen von 1648 vor, manche zum ersten Mal in der Geschichte als Ergebnis von zähem Ringen bei den Friedensverhandlungen.

3) Gleichberechtigung aller Verhandlungspartner:
- Evangelische und katholische Mächte, Monarchien und Republiken waren gleichberechtigte Verhandlungs- und Vertragspartner, was im Zeremoniell einen sinnfälligen Ausdruck fand.
- Der Friedensvertrag bestätigte die Grundsätze der Souveränität und Gleichberechtigung aller ausdrücklich in zahlreichen Einzelbestimmungen und wurde so gleichsam das Grundgesetz der neuen[43] Staatengesellschaft. Man sicherte ihn ferner gegen jeden nur denkbaren Einspruch oder Angriff und garantierte ihn durch gegenseitige Beistandsverpflichtungen.
- Die Grundsätze der Souveränität und Gleichberechtigung aller wurden in zahlreichen Einzelbestimmungen bestätigt und wurden dadurch eine Art Grundgesetz für die neu geschaffene Staatengemeinschaft: der Vertrag wurde sogar gegen jeden nur denkbaren Einspruch oder Angriff und gesichert und man garantierte ihn durch gegenseitige Beistandsverpflichtungen.

4) Diese Friedens- und Rechtsidee, der die Staatengemeinschaft dienen sollte, kommt in den einleitenden Artikeln zu Beredtem Ausdruck.

5) Der französische Sozialist Proudhon hat den Westfälischen Frieden deshalb geradezu als den Anfang einer neuen Ära der Menschheitsgeschichte gefeiert. Bis zum Westfälischen Frieden, so meint er, herrschte unter den Völkern das Recht des Stärkeren: Es gab prinzipiell keine Schranke für eine im Kriege siegreiche Macht, ganze Staaten konnten vernichtet werden.

6) Diese Art einer Universalmonarchie beruhte geradezu auf dem Gedanken, ganze Staaten zu Gunsten einer siegreichen Universalmacht auslöschen zu können: Diese Idee aber, das Erbe der Antike und des christlichen Mittelalters, erklärte der Westfälische Frieden für tot (Dickmann).

Der westfälische Friede beendete erfolgreich das Design des Familienkomplexes der Familie Habsburg für eine „Universalmonarchie" während er zugleich die Freiheiten der deutschen Fürsten bewahrte und untermauerte (Holsti).

Dadurch, dass Schweden und Frankreich ein Interventionsrecht durch den Friedensvertrag für dessen Aufrechterhaltung erhielten und auch Habsburg-Österreich in dieses System integriert wurde, wurde möglichen Racheakten vorgebeugt.

7) Im diplomatischen Verkehr behauptete der Kaiser zwar einen Ehrenvorrang, das Alte Reich wurde jedoch zu einer Art Titel für die deutsche Nation, die nach wie vor eine erkenn- und definierbare Einheit bildete.

Um die Ausgestaltung der künftigen Machtbalance in Deutschland wurde erbittert gerungen. Es galt die strittigen Fragen in das Verfassungs- und Rechtssystem so einzubauen, dass
- der Kaiser keine absolute Herrschaft gewinnen konnte,
- die Religionsproblematik dauerhaft entschärft wurde,
- die Autonomie der Stände nicht die Reichseinheit zerstörte
- und die kleinen vor den Annexionsplänen der mächtigen Reichsstände gesichert waren.

Diese Verfassung für Zentraleuropa dauerte auch bis 1806.

8) Nach Agnew ("*territorial trap*", 1994) und Krasner („*Westphalian compromises*", 1995/96) besteht eine sehr große Gefahr darin, dass viele meinen, das westphälische Staatensystem sei an territoriale Ansprüche gebunden, was nach deren Auffassung eben nicht der Fall ist.

9) Der Westfälische Friede hat einen Krieg beendet, in dem politische und religiöse Universalansprüche gescheitert waren und in dem die begrenzte Reichweite und die ausschließlichen Interessen und Intentionen auf konfessionellem und ökonomischem Gebiet offenbar geworden waren.

Kein Krieg nach 1648 – außer den Kriegen gegen die Osmanen – ließ sich in erster Linie von religiösen Angelegenheiten ableiten.

Die westfälische religiöse Formel, war so erfolgreich, dass sie als ein Model für zahlreiche andere Verträge galt, so wie der Frieden von Olivia (1660) den schwedisch-polnischen beendete (Ruyssen, 1958).

10) In vielen Ländern blieb die Intoleranz gegenüber Regimegegnern und Andersdenkenden jedoch weiterhin bestehen und verursachte regelmäßige diplomatische Reibungen, aber die Fürsten fingen keinen Krieg mehr miteinander an unter dem Banner des protestantischen oder des katholischen Glaubens.

11) Nach Turretini (1949) war der westfälische Friede bemerkenswert für die Einschließung der Idee der Solidarität, für die Unterstreichung der Unabhängigkeit von Europa.

12) Finally, all states were theoretically given legal protection, regardless of size, lineage, or religion. For some analysts, then, Westphalia represeneted „the starting point for the development of modern international law", the first beginnings of an international constitutional law"; and the first instance of „deliberate enactment of common regulation by concerted action" (Gross).

13) Der Frieden von Westphalen baute nicht ein generelles System von gegenseitigen Verpflichtungen auf, was Begrenzungen des Gebrauchs von Gewalt beinhaltet. Krieg wurde als Möglichkeit zur Umänderung der Vereinbarung von 1643 verbannt. Die Delegierten griffen nicht Grotius` Idee an, dass wahrer Friede eine organisierte Kooperation benötigt (Clark).

14) Nach Burkhardt war das europäische Staatensystem in seinen Anfängen begründet, das nach Klärung der britischen Kronfragen und der Machtverhältnisse im Nordosten im 18. Jahrhundert Gestalt annahm.

15) Nach einer Meinung hatte Westphalen nicht die Gelegenheit genutzt, ein Regime aufzubauen, dessen Autorität in intergouvernementalen oder supranationalen Institutionen liegt.

16) Der Friede versagte darin, dass er kein rechtlich-institutionelles System zur Regulierung der Beziehungen unter den immer mächtiger werdenden und zentralisierten Souveränen des europäischen Kontinents schuf.

V. Quellen und Literaturverzeichnis

V. 1 Quellen

Collection of all the Treaties of Peace, Alliance, and Commerce, between Great Britain and other Powers, From the Treaty signed at Munster in 1648, to the Treaties signed at Paris in 1783, Farnborough, Gregg International Publishers Ltd., 1968.

V. 2 Sekundärliteratur:

Anderson, M. S: : The Rise of modern Diplomacy, 1450-1919, London, 1993.

Asch, The Thirty Years`s War: The Holy Roman Empire and Europe, 1618-1648, Macmillan, 1997.

Bergin, Joseph, The Seventeenth Century Europe, Macmillan, Oxford University Press, 2001.

Bonney, Richard, The European Dynastic States, 1494-1660, Oxford University Press, 1990.

Burkhardt, J., Dreißigjähriger Krieg, Frankfurt/Main, edition suhrkamp, 1992.

Bußmann, Klaus/Schilling, Heinz, 1648 – Krieg und Frieden in Europa, 26. Europaratsausstellung, Veranstaltungsgesellschaft 350 Jahre Westfälischer Friede mbH, 1998.

Darby, Graham, The Thirty Years` War, London, Hodder and Stoughton, 2001.

Deursen, Th. A., Die immer aktuelle Vergangenheit: Europa, die Niederlande und der Westfälische Friede: Vortrag des Amsterdamer Historikers Prof. Dr. A. Th. Van Deursen anlässlich eines von der Stadt Münster und der Universität Bonn veranstalteten Festaktes am 15.05.1993 zur Erinnerung an die Ratifikation des spanisch-niederländischen Friedens 1648, Regensburg, 1993.

Doran, Charles F, The Politics of Assimilation: Hegemony and its Aftermath, Baltimore, John Hopkins University Press, 1971.

Evans, R.J.W., The Making of the Habsburg Monarchy 1550-1700, Clarendon Press, 1979.

Flora, Peter (Hrsg.), State Formation, Nation-Building, and Mass Politics in Europe – The Theory of Stein Rokkan, Oxford, Oxford University Press, 1999.

Holsti, Kalevi, Peace and War: Armed Conflicts and International Order 1648-1989, Cambridge, Cambridge University Press, 1991.

Lahrkamp, H., Dreißigjähriger Krieg und Westfälischer Friede, 1997.

Langer, Herbert, 1648 – Der Westfälische Frieden, Pax Europea und Neuordnung des Reiches, Berlin, Brandenburgisches Verlagshaus, 1994.

Limm, Peter, The Thirty Years War, New York, Longman, 1984.

Macartney, C. A., The Habsburg and Hohenzollern Dynasties in the 17th and 18th Century, New York, Walker and Company, 1970.

Maland, David, Europe at War: 1600-1650, London, Macmillan, 1980.

Maland, David, Europe in the Seventh Century, 2. Auflage, London, Machmillan, 1983.

Munck, Thomas, Seventh Century Europe, Macmillan, 1990.

Parker, Geoffrey, Europe in Crisis, 1598-1648, London, 1979.

Parker, Geoffrey, The Thirty Years` War, 2. Auflage, New York, Routledge, 1997.

Parker, Geoffrey, Der Dreißigjährige Krieg, München, 1995.

Polisensky, J. V., The Thirty Years`s War, London, Wilmers Brothers Ltd., 1971.

ders.,   War and Society in Europe 1618-48, Cambridge, Cambridge University Press, 1971.

Rabb, T. K., The Thirty Years War, D. C. Heath, 1972.

Rokkan, Stein, Dimensions of State Formation and Nation-Building: A Possible Paradigm for Research on Variations withim Europe, in: Charles Tilly (Hrsg.), The Formation of National States in Western Europe, Princeton, Princeton University Press, 1975.

Ruppert, Karsten, Die kaiserliche Politik auf dem Westfälischen Friedenskongress (1643-1648), Aschendorff Münster, 1979.

Schmidt, Georg, Der Dreißigjähriger Krieg, München, Beck Verlag, 1995.

Schormann, Gerhard, Der Dreißigjährige Krieg, 2. Auflage, Göttingen, Vandenhoeck und Ruprecht, 1993.

Steinberg, S. H., The Thirty Years War and the Conflict for Europe, London, 1971.

Steinwascher, G./Rötrige, U., Krieg-Frieden-Toleranz, 1996.

The New Cambridge Modern History Vol IV, 1990.
Treasure, Geoffrey, Mazarin, Routledge, 1995.

Treasure, Geoffrey, The Making of Modern Europe 1648-1750, London, Methuen, 1985.

Wedgwood, C. V., Der dreißigjährige Krieg, Paul List Verlag, 1967.

Wilson, Peter H., The Holy Roman Empire, 1495-1806, Macmillan, 1999.

VI. Schaubilder

- Mächteverteilung vor dem Dreißigjährigen Krieg[44]

- Kriegsende in Deutschland: Der westfälische Friede 1648[45]

- The war in the 1640s – Changes of Territory Confirmed at Westphalia[46]

- The Interaction of the National and Industrial Revolutions[47]

- Comparative Assimilative Dynamics[48]

- The making of the Peace of Westphalia[49]

- Brandenburg 1648-1660[50]

- French gains on the north-eastern frontier 1643-59[51]

- State Formation and Democratisation[52]

- Ein Paradigma für die Lokalisierung grundlegender Variabeln in Analysen des Wachstums und der Auflösung großer Territorialsysteme[53]

- Prozesse der Auflösung und Reorganisation von Territorialsystemen[54]

- Bild von Papst Innozenz X.[55]
- Bild von Papst Urban VIII.[56]

- Bild von Philipp II.[57]

- Bild von Kaiser Ferdinand II.[58]

- Druckausgabe des Breve „Zelo domus Die", rückdatiert Rom, 26.11.1648[59]

- The war in the 1640s and the peace settlement[60]

- The Holy Roman Empire[61]

- Habsburg Family Tree[62]

- The war in the 1640s and the peace settlement[63]

- The war in the 1630s[64]

- The Peace of Westphalia – "a Peace of Exhaustion" – signed at Munster, 1648. The end of war in Germany; France, Spain and Baltic Powers still at war until 1660[65].

- Summary Diagram/Tensions in Europe, War 1618[66]

- Summary Diagram, France Tips the Scales[67]

[1] Steinberg, S. 93.
[2] Holsti, *Peace and War: Armed Conflicts and International Order 1648-1989*, Cambridge, 1991, S. 25.
[3] Schmidt, S. 74.
[4] Asch, S. 137.
[5] Steinberg, S. 93.
[6] Steinberg, S. 94.
[7] Dickmamm, S. 222.
[8] Steinberg, S. 119.
[9] Steinberg, S. 119 f.
[10] Steinberg, S. 95.
[11] Holsti, a.a.O., S. 38.
[12] Holsti, a.a.O., S. 39.
[13] Asch, S. 134.
[14] Asch, S. 134.
[15] Schmidt, S. 77.
[16] Schmidt, S. 75.
[17] Schmidt, S. 74.
[18] Schmidt, S. 75.
[19] Schmidt, S. 72.
[20] Steinberg, S. 95.
[21] Burkhardt, S. 200.
[22] Steinberg, S. 95.
[23] Steinberg, S. 118.
[24] Asch, S. 135.
[25] Schmidt, S. 72
[26] Maland, S. 179.
[27] Schmidt, S. 71 f.
[28] Burkhardt, S. 200.
[29] Hampel/Hörster-Philipps, S. 51.
[30] Hampel/Hörster-Philipps Ebd., S. 25.
[31] Hampel/Hörster-Philipps Ebd., S. 34.
[32] Hampel/Hörster-Philipps Ebd., S. 36.
[33] Hampel/Hörster-Philipps Ebd., S. 36.
[34] Hampel/Hörster-Philipps Ebd., S. 36.
[35] Hampel/Hörster-Philipps Ebd., S. 37 f.
[36] Hampel/Hörster-Philipps Ebd., S. 38.
[37] Doran, *The Politics of Assimilation: Hegemony and its Aftermath*, Baltimore, 1971, Kapitel 8-9.
[38] Asch, S. 137.
[39] Holsti, a.a.O., S 38.
[40] Holsti, a.a.O., S. 38.
[41] Limm, S. 38 f.
[42] Steinberg, S. 95.
[43] Dickmann, S. 6.
[44] Hampel/Hörster-Philipps, S. 33.
[45] Limm, S. 39.
[46] Parker, S. 210 f.
[47] Rokkan, S. 38.
[48] Doran, S. 196.
[49] Maland, *Europe at War*, S. 184.
[50] Ebd., S. 185.
[51] Ebd., S. 186.
[52] Flora, S. 30.
[53] Rokkan, 2000, S. 138.
[54] Rokkan, 2000, S. 188.
[55] Bußmann/Schilling, S. 82 f.
[56] Bußmann/Schilling, S. 82.
[57] Bußmann/Schilling, S. 83.
[58] Bußmann/Schilling, S. 72.
[59] Bußmann/Schilling, S. 214 f..

[60] Darby, S. 73.
[61] Darby, S. 20.
[62] Darby, S. 16.
[63] Darby, S. 73.
[64] Darby, S. 59.
[65] Limm, S. 39.
[66] Darby, S. 33.
[67] Steinberg, S. 77.
[68] Steinbrg, S. 88.
[69] Wedgwood, S. 8.
[70] Collection of all the Treaties, S. v, S. 10-42.